Hans Kruppa
Lust auf Leben
Gedichte

Mit vier Bildmotiven von
Catharine Ducloux

GOLDMANN VERLAG

Der Goldmann Verlag
ist ein Unternehmen der Verlagsgruppe Bertelsmann

Made in Germany · 4/91 · 1. Auflage
Genehmigte Taschenbuchausgabe
© 1987 by Franz Schneekluth Verlag, München
Umschlaggestaltung: Design Team München
Umschlagillustration: Catharine Ducloux
Druck: Elsnerdruck, Berlin
Verlagsnummer: 9713
UK · Herstellung: Heidrun Nawrot
ISBN 3-442-09713-4

Unsere Träume, unsere Sehnsüchte und bunten Hoffnungen wollen ernst und wichtig genommen werden. Wer sie verdrängt, unterdrückt das Beste in sich und wird ein hohler Mensch.

Lust auf Leben

Zu tief,
um sie ganz zu ermessen,
ist meine Lust auf Leben,
meine Sehnsucht nach der Kraft,
aus der Musik entsteht
und Liebe ihre Schönheit schöpft.

Ich will spüren, daß ich lebe,
daß ich schwebe hoch über den Wolken,
die nur die Sicht behindern
auf den Himmel des Möglichen.

Ich will dich verführen,
mit mir Liebe zu tauschen;
das ist viel besser, als Worte
hin und her zu spielen
wie einen Tennisball auf dem
kleinen Platz der Sprache.
Das ist immer eine Reise
an die Quelle des Lebens,
wo das Glück noch rein ist,
ungetrübt von Skepsis
und den Erfahrungen des Scheiterns.

Ohne dich habe ich diese Worte.
Mit dir bin ich sprachlos.

Ins Höchste der Gefühle

Wir leben nicht,
um Alpträumen zu erliegen
und uns damit abzufinden,
daß manche Ziele unerreichbar sind.
Wir sind nicht hier,
um am Scheitern zu scheitern
und unsre Resignation
zu schlechter Letzt
als Lebensklugheit auszugeben.

Wir leben,
um unsre Träume zu erfüllen
und das scheinbar Unmögliche
zu verwirklichen.
Wir haben die Chance,
über uns hinauszuwachsen
und unsere Beschränkungen
tief unter uns zurückzulassen
beim Aufstieg ins
Höchste der Gefühle.

Weniger zu wollen
wäre falsche Bescheidenheit.

Jenseits aller Zweifel

Jenseits aller Zweifel
liegt ein Land,
das uns gehört,
in dem wir
paradiesisch leben können,
wenn überfließende Liebe
uns die Grenzen
vergessen läßt,
die uns zur zweiten
Haut geworden sind.

Zeitfrage

Warum kann jede Stunde
meines Lebens nicht so
intensiv sein wie die letzte?
Es scheint an mir zu liegen,
also muß ich lernen.

Mein Verlangen nach Glück
und Harmonie ist unbezwingbar.
Was immer ihm im Weg steht –
und sei es mein eigenes Ich –
kann mich nur eine Weile aufhalten.

Es ist eine Frage der Zeit.
Die Antwort heißt Erfüllung.

Leichtes Gedicht

Welch ein Morgen!
Ich liege nackt auf dem Bett,
durchs offene Fenster
strömt warme Sommerluft –
plötzlich von irgendwoher
eine jazzige Melodie,
gespielt auf einer Klarinette,
dann wieder Stille,
und ab und zu
gurren die Tauben.
Ich atme tief.
Nichts ist zu tun,
als zu entspannen,
zu genießen,
sich mit dem Leben
einverstanden zu fühlen.

Ob ich das Glück verdiene,
das in mir prickelt,
ist mir egal,
und ob es mir gelingt,
etwas davon zwischen
die Zeilen hier zu locken,
ist nicht so wichtig –
deshalb mach ich es mir
damit nicht allzu schwer.
Es war ein weiser Mann,
der sagte:
»Leicht ist richtig«.

Musik

Undurchdringlich graue Wolken
hängen tief und dicht,
blockieren die Sonne,
tauchen alles in
trostlos graues Licht.

Ich schließe die Augen.

Auf einer Hängematte
aus Musik schaukele ich
sanft in den Tag hinein.

Ganz Ohr
werde ich
ganz ich.

Ganz ich
kann ich mich
ganz aufgeben,
aufheben lassen
in den ewigen Sonnenschein
über den Wolken.

Laß den Moment entscheiden

Denk nicht zuviel an die Zukunft –
das hindert dich, die Gegenwart zu leben.
Konzentriere dich nicht auf deine Absichten –
laß den Moment entscheiden,
was richtig für dich ist.
Das mag etwas völlig Überraschendes sein.

Leben ist die Kunst,
unsichtbaren Zeichen zu folgen,
unhörbaren Worten.
Ein geplanter Weg ist wie eine
Mauer vor perfekten Momenten.

Zauber ist überall

Fünf bunte Fische
schwimmen beschaulich
in der Luft herum.
Das ist kein Tagtraum,
sondern ein Mobile,
bewegt von leichtem Luftzug.
Ich liege auf dem Sofa
und schau es lange an,
bis schließlich nichts
mehr existiert als dieses
anmutige, zarte Gleiten
schwebender Bastfische
in warmem Lampenlicht,
das mein Herz
immer leichter macht
und mit seiner sanften Magie
mir aus der Seele spricht.

Zauber ist überall,
wenn ich mir nur
die Zeit nehme,
ihn zu entdecken.

Meine Gedichte

Meine Gedichte sind nicht imstande,
die Kriegsgefahr zu bannen,
auch wenn sie Frieden atmen.
Sie können keine Gefangenen
aus ungerechter Haft befreien,
wenngleich an inneren
Gefängnisgittern feilen helfen.
Sie sind nicht in der Lage,
Menschen vorm Verhungern zu bewahren,
es sei denn, man versteht die Seele
auch als nahrungsbedürftig.
Sie können keinen Baum
vorm Sterben retten,
jedoch ein Lächeln, eine Ahnung
oder womöglich eine Hoffnung
zum Leben erwecken.
Sie werden kaum den Haß besiegen,
aber vielleicht der Liebe
Mut zum Höherfliegen machen.

Lichtblick

Dem Lachen
in meinem Bauch
sind Flügel gewachsen,
die duften
in allen Farben
des Regenbogens
nach Musik.

Straßenlyrik

Öffentlichkeit –
heißt das ›Krieg‹?
Oder warum fahren sie
so gepanzert durch die Straßen
auf ihren Fahrrädern,
in ihren Autos –
warum sind ihre Blicke
so verbarrikadiert,
wenn sie einem entgegenkommen
auf den Bürgersteigen,
in der Einkaufszone?

Mit offenen Augen
geht man auf
deutschen Straßen
unter.

Hilfe –
wie schützt man sich
vor all den Schutzmaßnahmen,
mit denen sich die Leute
das Leben verschließen?

Kleines Selbstporträt

Mein Körper will immer dorthin,
wo er sich am besten fühlt –
er lebt für seine Lust.
Ekstase der Sinne ist seine Religion.
Er ist wie eine Blume im Sonnenschein,
er will nichts weiter
als hemmungslos glücklich sein.

Mein Herz möchte am liebsten
immer ganz weit offenstehen –
wenn es nur nicht
so zerbrechlich wäre.
So muß es sich leider vorsehen,
denn es hat gelernt,
wie schwierig es für andre ist,
gut und richtig mit ihm umzugehen.

Mein Kopf weiß alles besser,
doch seine Meinung
bedeutet mir nicht allzu viel –
denn Gedanken verstehen wenig
von dem Leben, das ich meine.
Sie wollen immer nur das eine: Macht!
Denn echte Liebe haben sie keine.

Und meine Seele . . .
Sie lächelt und strahlt unentwegt,
ob ich es spüre oder nicht.
Sie ist ständige Liebe, stetes Licht.
Auch wenn ich sie für eine Zeit vergesse
auf der Jagd nach Abenteuern,
auf der Suche nach Erfüllung
und im Dickicht all dessen,
was ich meine, tun zu müssen –
sie vergißt mich nie.

Ist es nicht Zeit?

Wenn alle sich
auf die Wirklichkeit einstellen –
wer soll sie verändern?

Ist es nicht Zeit,
die Türen zu entriegeln,
hinter denen wir nur sicher sind
vor unseren größten Chancen,
schutzinhaftiert in den Wänden
lebenslänglicher Weltklugheit?

Wie viele innere Gefängnisse
stehen am Ende von Sackgassen –
Mahnmale aufgegebener Suche,
stolz wie Prunkvillen,
leblos, lieblos,
scharf bewacht.

Wie kann ein Weg,
der vor einer Mauer endet,
nur der letzte gewesen sein!

Offenes Feuer

Ich brenne.
Ich brenne lichterloh –
und niemand brennt
mit mir.
Alle verstecken
ihren Brennstoff,
hamstern ihn
für die kalten Tage.
Sie geben sich unentzündlich,
schützen sich mit Blicken
aus Asbest;
sie haben Angst
vor offenem Feuer,
Angst um ihre Vorräte.
Sie denken wirtschaftlich,
sie denken an morgen.

Ich brenne.
Ich brenne lichterloh –
niemand will sich
entzünden lassen.
So brenne ich mich aus
und denke an heute.
Vielleicht brennt morgen
schon die ganze Welt.

Frühlingsgedicht

Nur zu, Frühling –
mach mich verrückt
vor Freude über dein Kommen!
Schau, wie ich tanze
und laut singe im Park,
daß den Leuten die Augen
aus dem Kopf fallen.

Und während sie sich
noch bücken,
um sie wieder aufzuheben,
reite ich
schon auf dem Rücken
deines frischen Windes
mit den Augen eines Kindes
in ein neues Leben.

Flugsaat

Der Wind ist günstig,
es riecht nach Abenteuer.

Ich werfe mein Herz
ins Spiel der Lüfte:

Flugsaat für die guten
Launen des Schicksals.

Sonntag im August

In weißen Kleidern
tanzte ich zu der Musik
der Abendsonne und des Windes –
mitten auf einer weiten
Wiese im Park.

Die Leute starrten mich
aus sicherer Entfernung an
und machten einen
Bogen um mich.

Glück ist eben suspekt.

Übermut tut gut

Wir sind die Seilchenspringer,
die in der Luft verharren,
wenn niemand hinschaut.
Wir tanzen auf fliegenden Teppichen
und sind wie vom Winde verweht,
wenn der Ernst des Lebens
frustriert vor der Tür steht.
Wir balancieren auf Seifenblasen,
rutschen dem Regenbogen
den Buckel runter
und bringen den Topf mit Gold
zum Überkochen.

Sind wir dann ganz allein,
vertiefen wir uns
in die hohe Kunst
seelischer Transfusion:
aufgeschlossen
aneinander angeschlossen
geben wir uns das Leben.

Gedicht über dich

Dies ist ein Gedicht über dich,
die du dort sitzt mit geschlossenen
Augen und nach innen schaust
und weißt, daß ich ein Gedicht
schreibe über dich.
Geht es dir gut?
Soll ich dich bitten, mich anzuschauen?
Ich tu's. Du siehst mich an.
Du lächelst. Es ist ein geheimnisvolles
Lächeln. Deine Zähne zeigen sich.
Ein paar Sekunden lang scheinst du
lautlos zu lachen. Dieses lautlose Lachen
muß irgendwo zwischen diese Zeilen
geraten sein.
Wer findet es?

Tiefe gewinnen

Endlich wieder Zeit –
zum Liegen und Entspannen,
zum tiefen Atmen
und zum Träumen,
zum Lauschen auf Geräusche,
die ein leichter Wind
durchs offene Fenster trägt.
Endlich wieder Muße
und die Chance,
zu mir zurückzufinden
aus den endlosen Arbeiten,
dem notwendigen Tun
ohne inwendiges Sein.

Endlich wieder Zeit für mich,
und der Sommer
ist noch lange nicht zu Ende.
Das Wasser im See ist warm.
Ich werde heute tauchen gehen
nach verlorener Lebenstiefe.
Es ist nicht gut, zu lange
an der Oberfläche zu treiben.

Nimm mich mit

Nimm mich mit, Musik –
dein Weg ist mein Ziel,
dein Rhythmus mein Lebenstaktgefühl.
Ich vertraue dir bedingungslos,
du hast mir immer Gutes gegeben.
Von dir verzaubert,
lernte mein Herz das Schweben,
lernte mein Körper sich erleben
in seiner ganzen Hingabefähigkeit.
Deine Harmonien tanzen mir aus der Seele,
auf deinem fliegenden Klangteppich
vergesse ich die Zeit.
Komm, Musik – nimm mich mit
auf deinen Ausflug in die Schwerelosigkeit.

In diesem Sommer

In diesem Sommer fühle ich mich
jeden Tag jünger werden,
als hätte ich den Punkt erreicht,
wo Träume einem die Hand geben
wie gute Freunde, die lange Zeit
verschollen waren, obwohl man immer wußte,
daß man sie schließlich wiedersehen würde.

Und Zeit hat keine Macht mehr
über inneres Leben.

Stelldichein

In Gedichten geben
sich Worte ein
Stelldichein.
Ein Vers kommt
und bleibt
selten allein.

Zwischen den Zeilen
muß eine Art
von Liebe sein.

Warum ich schreibe

Ich schreibe,
wenn es mir gut geht;
wenn es mir schlecht geht,
schreibe ich genauso gut.
Ich schreibe,
um mich zu erleichtern;
wenn ich mich beschweren will,
schreibe ich auch.
Ich schreibe,
wenn ich mich verloren habe;
wenn ich mich wiederfinde,
schreibe ich erst recht.
Ich schreibe,
weil Schreiben mir Spaß macht;
macht mir etwas Spaß, schreibe ich darüber.
Ich schreibe,
wenn ich einen klaren Kopf habe,
und ich schreibe,
um einen klaren Kopf zu bekommen.
Ich schreibe hin
und her,
ich schreibe mit
und ohne Gewinn,
ich schreibe
mithin ohnehin.

Kommunikation

Wie gut es ist,
dem Dasein
Bedeutung zu schaffen
und seine Dankbarkeit zu spüren,
wenn es bekommt,
was sein ist.
Wie schön ist es
für das Dasein,
da zu sein.

Ein wahrer Freund

Ein wahrer Freund
fand mein wildes Leben
halbtot unter Staub begraben
in der Rumpelkammer
meiner Gegenwart,
nahm es heimlich
mit nach Hause,
gab ihm neue Kraft
und schenkte es mir
zum Geburtstag,
verpackt in einen Kuß
aus kühlem Feuer,
das nicht einmal die Zeit
löschen kann.

Bejahung

Es ist gut,
wie es ist.

Was mein Auge berührt,
erhält meine dankbare Zustimmung,
einerlei wie häßlich oder schön,
bedeutend oder unwichtig
es sein mag.
Ich sage Ja zu allem,
was ich in diesen Augenblicken sehe.
Endlich!

Bejahung ist Frieden,
und Frieden ist nirgendwo –
wenn nicht in mir.

Spielidee

Komm, wir lassen unsere Liebe fliegen.
Wir schreiben sie mit leichten Worten
auf ein Blatt Papier
und falten es zu einer Schwalbe.
Dann fahren wir mit dem Aufzug
in den vierzehnten Stock,
hoch über die Dächer der Stadt.
Dort, vom Balkon, geben wir
unsere Schwalbe der Luft zum Spiel.

Landet sie in einem Baum,
ist unsere Liebe nur ein Traum;
landet sie auf einem Haus,
ist es mit ihr bald aus;
segelt sie in einen Schornstein,
geht sie durch Mark und Bein.
Landet sie elegant auf einer Bank,
wird unsere Liebe niemals krank.

Fliegt sie so weit,
daß wir sie nicht mehr sehen,
heißt das:
wir werden als Freunde
durchs Leben gehen.

Wohngemeinschaft

In deinem Herzen
wohnen drei Männer.
Der erste bietet
dir Geborgenheit,
der zweite stillt
deinen Durst nach Abenteuer,
der dritte füttert
deine Eitelkeit.

Und klopfe ich
an deine Tür,
stecken sie ihre Köpfe
aus deinem kleinen Fenster
und schauen mich groß an.

Sie sehen alle nicht
besonders glücklich aus.
Ist es ihnen vielleicht
zu eng in deinem Haus?

Kleines Tierleben

Ein bunter Hund
mit krummen Beinen
ging auf einer geraden Straße
immer im Kreis
um seinen Schatten herum.
Da kam eine schwarze Katze
auf weißen Pfoten
und spielte Verstecken
mit ihren sieben Leben.
Ein Hahn krähte zwölfmal
vom Kirchturm,
und schließlich wußte
jeder Esel,
was die Stunde
geschlagen hatte.

Liebesgedicht an eine Hängebirke

Ich liebe diesen Baum
vor meinem Fenster.
Wie er vom jähzornigen Herbstwind
hin und her geschüttelt wird!
Doch seine Blätter
hält er fest.

Ich liebe seine Biegsamkeit
und seinen Blattschmuck,
der von den Ästen hängt
wie lange Bärte,
die in den Böen flattern.

Bald wird der Spätherbst
ihn entlauben,
mit kalten Stürmen ihm
seine Blätterbärte entreißen,
und seine Schönheit wird verblassen –
in ahnungslosen Augen.

Die Wahrheit ist:
er hat sich nur rasieren lassen.

Lockruf

Beim nächsten Mal
komm zu mir
ohne deine Ängste;
diese kümmerlichen Lumpen
auf der Haut deiner Schönheit
wärmen dich nicht
und tun den Augen meines Herzens weh
mit ihrer Armseligkeit.

Komm
in aller Natürlichkeit
und schau ohne Scham
in den Spiegel meiner Bewunderung:
sieh nur, wie schön du bist
in der Blöße deines Vertrauens!

Unter freiem Himmel

Die Nacht gehört dir –
ich finde keinen Schlaf.
Du hast meine Seele erweckt
mit den wenigen Blicken,
die wir tauschten.

Seh ich dich wieder?

Was ich in dir spürte,
hat mich bewegt –
nun ist es zu spät
zum Umkehren.

Ich lebe wieder
unter freiem Himmel.
Dort, in der Heimatlosigkeit,
muß mein Zuhause sein.

Wie Kinder sein

Laß uns wie Kinder sein,
Kinder im Sonnenschein,
ohne Vergangenheit
und ohne Zweifel,
und laß uns
ganz lebendig sein –
dazu sind wir hier.

Laß uns den Augenblick genießen
und nicht an morgen denken,
und laß uns
alles Gute stärken,
das in uns wächst.

Komm zu mir,
ich komm zu dir –
wir begegnen uns überall.
Und gehst du von mir,
bleibt viel von dir hier –
wir schmücken uns damit
beim nächsten Mal.

Laß uns wie Kinder sein,
Kinder im Sonnenschein –
für den Flug
einer Seifenblase lang.

Es wird nicht
die letzte sein.

Frohe Botschaft

Ich kam mit
einer frohen Botschaft,
aber du hast mich
von einem Wartesaal
zum anderen gebeten.
In ungezählten Vorzimmern
mußte ich mit deinen Ängsten
in Verhandlung treten,
und als ich endlich
deinen Innenraum betrat,
standst du am Fenster
und warntest mich:

»Wenn du auch nur
ein Wort sagst,
spring ich!«

Ich schwieg
und schwieg und schwieg,
bis ich traurig wurde.

Schließlich wandtest
du dich vom Fenster ab
und kamst auf mich zu.

Da hatte ich
die frohe Botschaft vergessen.

Aber dann sagtest
du sie mir.

Keine Angst

Hast du ein wenig
Platz in deinem Herzen übrig?
Es sieht so groß aus –
auf den ersten Blick.

Keine Angst,
ich mache mich nicht breit,
bin auch nicht aus auf Ewigkeit;
mir genügt deine Zärtlichkeit.

Oder hast du keine Zeit
für die zeitlosen Stunden und Momente,
von denen das Leben lebt?

Hintergründe

Hinter deiner Härte
verbirgt sich Angst –
und hinter deiner Angst
steht Unsicherheit.

Laß doch die Fassaden fallen,
sei so unsicher,
wie du dich fühlst,
und warte nur:
früher oder später
hast du die Sicherheit entdeckt,
die ganz tief in dir steckt.

Traum

Auf der Suche
nach mir
klopfte ich
an deine Tür,
denn es war mir,
als hätte ich
mein Licht
durchs Schlüsselloch
fallen gesehen.
Doch deine Stimme rief:
»Ich kann nicht öffnen,
ich schlafe tief.«

Wiedersehen

Du hast Lichter
in mir entzündet
mit deiner zarten,
feinen Wesensart.

Hell ist es
in meinem Inneren,
seit ich mich
dir geöffnet hab.

Es war ein
schönes Wiedersehen.
Ich sehe wieder,
worauf es ankommt.

Tiefensehnsucht

Klug und liebenswert
sind deine Worte allemal,
doch was können sie bewirken?
Ich will die Sprache
deines Körpers verstehen lernen,
das Schweigen deiner Seele spüren,
Boden um Boden unter uns verlieren
und fallen, fallen –
in immer tiefere
Gründe der Seligkeit.

Wertsache

Als ich dir meine Gefühle
gern zum Geschenk gemacht hätte,
hast du gezögert, sie anzunehmen
und zu erwidern.

Was man so leicht bekommt,
kann nicht viel wert sein,
hast du vielleicht gedacht.

Als ich dir dann
nichts mehr zu geben hatte
als distanzierte Freundlichkeit,
wolltest du mit einem Mal
meine Nähe und Offenheit
um jeden Preis haben.

Dabei ist ihr Wert
immer derselbe geblieben.

Komm doch

Es gibt
einen Ort in dir,
der keine Trennung kennt.
Wir waren viel zu lange
nicht mehr dort.

Weißt du den Weg
nicht mehr?

Komm doch mit mir
in dich hinein:
dort warten wir
auf uns.

Klarer Spiegel

Wahrheitsliebe
erhellt den Raum um dich;
in deiner Gegenwart
läßt sich klar sehen.
Dein Schweigen macht Mut;
deinen Worten schenkt
Glauben sich ohne Zögern.
Du bist ein klarer Spiegel;
wer dich besucht,
schaut sich
ins eigene Gesicht.

Nachgeschmack

Mit dir hat mir
das Leben so gut geschmeckt,
und nun ist nur ein
bitter-süßer Nachgeschmack geblieben,
nicht mal ein Foto,
nicht mal ein Brief,
nur die Erinnerung
an eine Nacht,
die einmalig sein sollte,
weil du es so wolltest –
und ich dich zu sehr liebte,
um nach dem Grund zu fragen.

Helle Schatten

Was sind das für Sprachen in mir,
was sind das für Wirklichkeiten?
Bin ich das alles –
oder bin ich nichts von alledem?
Bin ich das Schweigen,
bin ich die Stille
unter allem, über allem,
aus der die Wahrheit
steigt und fällt,
vor Worten scheu zurückweicht
und dabei helle Schatten wirft –
ins Dunkel?

Schwere Briefe

Deine Briefe sind Sandsäcke,
die du an dem Ballon
meiner Zuversicht befestigst;
er verliert zusehends an Höhe.

Dein letzter Brief
liegt ungeöffnet da.

Wie kannst du
aus so leichten Dingen
solche Lasten machen?

Vielleicht einmal

Du kennst dich nicht,
und du mißtraust mir,
wenn ich sage,
daß ich dich sehe,
daß ich spüre,
wer du im Grunde bist.
Du hast Angst,
meine Einsicht in dich
könnte dir ein Bild
von dir vermitteln,
das nicht der
Wirklichkeit entspricht;
meine Wahrnehmung
könnte dich daran hindern,
deine Wahrheit zu entdecken.

Was soll ich sagen?
Ich kann dein Vertrauen
nicht herbeireden.
Mißachte mich
und erlebe dich,
und wenn es sich
vielleicht einmal ergibt,
vergleiche die
Erfahrung deiner selbst
mit der von einem,
der deine tiefste Wahrheit liebt.

Kluft

In meinem Herzen umarme ich
die Traurigen, die Glücklichen,
die Gewinner und Verlierer,
die Zuversichtlichen und Hoffnungslosen,
die Skeptischen und Gutgläubigen
mit tausend Armen
und grenzenloser Zuneigung.

Doch steht mir jemand
kühl und unnahbar gegenüber,
und hinter seiner Arroganz
und all dem hohlen Stolz
spüre ich eine arme Seele,
die nach Liebe schreit,
tu ich oft so,
als hätte ich nichts gesehen,
nichts gehört.

Eisprinzessin

Wenn irgend jemand
irgendwann einmal
so warme Gefühle
für dich bekommt,
daß sie es schaffen,
all dieses Eis
um dich herum
ganz einfach abzutauen,
wirst du dich wundern
über die ganze Schönheit,
die du vereisen lassen hast,
ohne sie richtig anzuschauen.

Ich habe einen Traum gepflanzt

Ich habe einen Traum gepflanzt
im Garten meiner Lebenslust,
einen Traum aus Liebe,
Phantasie und Zärtlichkeit.
Ich habe ihn besonnt
mit Hoffnung
und ihn gegossen
mit meiner Sehnsucht
nach dem Paradies
vor dem Tod.

Die Saat ist aufgegangen,
bunt und zart keimen die Blätter
wie Schmetterlingsflügel
in meinem Gefühl.

Der Traum wird wachsen,
und ich mit ihm –
in einen Himmel,
der zu hoch ist
für Flugzeuge und Raketen.

Ich werde ihm
ein guter Gärtner sein,
ihm geben, was er braucht –
mit liebevoller Hand
und Augen voller Glanz.

Der Traum wird blühen
in allen Farben der Phantasie,
und seine Düfte,
einmal tief eingeatmet,
verzaubern im Nu
Zweifel in Vertrauen,
Angst in Schönheit,
Unbehagen in Gelächter.

Wer schläft
unter dem blühenden Traum,
erwacht als ein
Geschöpf aus einem
ungeschriebenen Märchen,
mit tausendundeinem
freien Wunsch,
doch wunschlos glücklich.

Der Traum wird Früchte tragen
mit dem Geschmack
gestillter Sehnsucht,
deren Genuß berauscht
und das Paradies herstellt
auf Erden und ohne
ein Verbot von oben.

Ich habe einen Traum gepflanzt,
den ich schon lange träume
in den versteckten Liebeslauben
meiner Sehnsucht nach
dem Nieerlebten,
in sonnigen Mußestunden
des Gemüts,
wenn die Wolken verschwinden
und das Herz einen Moment
fassungslos stillsteht
vor der grenzenlosen Weite
seines eigenen Himmels.

Träume sind Schäume,
nach Wunderblumen duftende
Schäume auf der Haut
der nackten Seele,
in denen sie badet,
bevor sie sich
ihrem Geliebten schenkt.

Weiße Wolken

Im Gras liegen,
sich von dem leichten Sommerwind
das Gesicht streicheln lassen,
den weißen, im Himmelsmeer
treibenden Wolken folgen
mit Blick und Seele.

Zeit hat nur,
wer sich erlauben kann,
sie zu vergessen.

Mir fällt ein,
wie ich als Junge
auf dem Rücken meines Vaters saß,
der bäuchlings auf dem Schlitten lag.
Wir rodelten die steilsten
und holprigsten Waldschneisen hinunter,
in höllischem Tempo,
und jeder Moment war herrlich.

Die Wolken dort oben
gleiten ruhig und gelassen.
Bei ihrer Betrachtung
wird der Atem tief.

Meine Kindheit war
wie eine solche Schlittenfahrt
auf dem Rücken meines Vaters:
rasant, atemberaubend, spannend –
und viel zu schnell vorbei.

Jetzt ähnelt mein Leben
eher den weißen Wolken,
die so langsam und schwerelos
dahinschweben,
als wäre der Weg
schon ihr Ziel.

Das Eine, nicht das Andere

Wenn zur Liebe auch der Haß gehört,
verzichte ich gern darauf.
Wenn ich die Freude teuer
mit Traurigkeit bezahlen muß,
kann sie mir gestohlen bleiben.
Wenn ich für mein Glück
Verzweiflung in Kauf nehmen soll,
will ich es nicht annehmen.

Und wenn es ein Gesetz des Lebens ist,
daß man das eine nicht ohne
das andere haben kann,
breche ich dieses Gesetz.
Kontraste mögen reizvoll sein
für den oberflächlichen Blick;
Augen, die in die Tiefe sehen,
entdecken unerschöpfliche Vielfalt
im Einfachen, im Ungeteilten.

Ich brauche nicht das Schlechte,
um den Wert des Guten richtig einzuschätzen.
Ich habe kein Leid nötig,
um die Lust in ihrer
ganzen Fülle zu genießen.
Ich brauche nicht zu wissen,
wie vergänglich alles ist,
um die Ewigkeit
im Augenblick zu finden.

Es heißt,
daß die Gegensätze einander brauchen
und daß kein Leben möglich sei
ohne den Tod.
Und es stimmt,
daß Kreideschrift nur sichtbar ist
auf einer schwarzen Tafel –

aber ich brauche sie nicht zu lesen,
um zu verstehen.

Türen ins Leben

Was jetzt nicht geht,
könnte in einer Stunde gelingen.
Und was in einer Stunde
vielleicht nicht mehr möglich ist,
könnte sich jetzt ereignen.

Manche Türen ins Leben
stehen nur kurze Zeit offen.
Sie ähneln den kleinen Zielscheiben
der Schießbuden auf dem Jahrmarkt,
die sich dem Schützen
nur einige Sekunden zeigen
und dann in der Versenkung verschwinden.
Schießt er nicht rechtzeitig,
hat er das Nachsehen.

Versäumen wir den richtigen Augenblick,
haben wir eine Chance verpaßt,
die vielleicht nie wiederkommt.

Doch wenn wir ihr nachtrauern,
sehen wir nicht die nächste,
die sich uns bietet.

Wenn Worte überflüssig werden

Wenn Worte überflüssig werden,
weil der Augenblick
bis an den Rand
mit Sinn gefüllt ist,

beginnt das Leben
unwiderstehlich
von sich zu erzählen
und führt uns
mitten hinein in
faszinierende Geschichten –

wenn wir nur lauschen.

Unruhe

In meinem Kopf ist es
zu unruhig und zu laut,
zu viele Gedanken gehen
dort ein und aus.
Mein Geist gleicht einem Wirtshaus,
ein Gedanke verdrängt den anderen
vom Tresen meiner Aufmerksamkeit,
jeder will der wichtigste sein,
und alle reden durcheinander:
einer singt ein Lied,
ein anderer referiert
über den Zustand der Welt,
der nächste erzählt
von Sehnsucht und Illusion,
ein weiterer klagt,
er könne sein eigenes
Wort nicht verstehen.

Und dabei hab ich es am liebsten,
wenn es in mir ganz ruhig ist –
wie ein Feld,
auf das der Vollmond scheint,
und kein Windhauch
bewegt das Gras.
Wie lieb ich das
im bloßen Genuß seiner selbst
immer stiller,
immer klarer werdende Leben.

Vergeßlichkeit

Manchmal wünsche ich mir
ein Haus mit Zauberwänden,
in das die Welt nicht dringt
mit ihrem seelenlosen Unverständnis,
wo ich nichts von ihr
sehe, höre, spüre,
wo ich allein bin
und mich ganz öffnen kann
dem Leben, das ich meine,
wo nichts mich behindert
und niemand mich stört,
wo jeder Atemzug mir gehört
und alles nach
meiner Willenlosigkeit geht.

Manchmal vergesse ich,
daß dieses Haus in mir steht.

Warum?

Warum wollen so viele Menschen
nicht mehr vom Leben,
als älter zu werden im
bequemen Gefängnis von
Lügen, Ängsten und Irrtümern?

Wenn andauernde
Selbstunterdrückung nötig wäre,
um glücklich zu werden,
könnte ich all die
sinnlosen Anstrengungen verstehen,
die man unternehmen muß,
um seine eigenen Träume zu schlagen,
bis sie nicht mehr zu weinen wagen –
wie Kinder, die aufgegeben haben,
sich selbst zu lieben.

Eine Form von Armut

Ist das
irgendeine neue Welle,
auf der du reitest –
oder nur
die alte Verschlossenheit,
mit der sich Menschen
seit eh und je
zu Fremden machen?

Hast du
kein Lächeln zu verschenken,
kein warmes Wort,
keinen freundlichen Blick?
Ich kann nicht glauben,
daß du so arm bist –
oder tust du nur so,
ist das dein Stil,
mit dem du deine
Angst vor Offenheit
zur Mode machst?

Glaub mir,
so eine Angst
ist eine Form von Armut.
Sie tut niemandem gut
und hält am Ende nicht,
was sie verspricht,
hält nur dein Herz zurück
von seinem maßlosen Reichtum –
seinem natürlichen Glück.

Schöner Blick

Ihr Blick
war ein schöner
Hilfeschrei,
eine ästhetische
Verführung
zum Mitgefühl
für zu lange
ungewollte
innere
Einsamkeit.

Trostpflaster

So schön,
wie du mir
»Mach's gut«
gesagt hast,

hat mich
noch niemand
im Stich gelassen.

Das Kolibri-Gedicht

Ich wollt,
ich wär ein Kolibri
und könnte von Blüte zu Blüte fliegen
oder einfach in der Luft herum –
und würde nicht leben
in einem Haus aus Stein,
mit einem Kopf voller Gedanken,
auf einem Stück Papier
wie diesem hier.

Souvenir

Sie stand vor meiner Tür
und brachte viel Liebe mit.
Wir hatten uns sehr lange
nicht mehr gesehen.
Zu lange, sagte sie,
um Worte darüber zu verlieren.
Dann lächelte sie mich an
und versteckte ein Souvenir
in meinem Herzen,
das ich erst entdeckte,
als sie wieder fort war.

Nächtliche Stille

Heut nacht kann ich
die Stille hören,
kann ich fühlen,
wie sie zu mir spricht –
wie zu einem guten Freund,
voller Wärme,
voller Zärtlichkeit.

Gut ist,
wie sie mich umhüllt,
ohne mich zu beengen –
wie sie mir
Geborgenheit schenkt,
ohne mich zu langweilen.

Nächtliche Stille,
dein geheimes Licht erweckt
meine inneren Augen
zu neuem Leben.

Du bist der Frieden,
den die Welt nicht sieht –
ein tief verborgener Zauberduft,
ein kaum hörbares,
unendlich zartes Lied.

Seiltanz

Das magische Lebensgefühl
als beständiger Zustand –
das wäre ein Lebensziel!

Sich unentwegt vom Leben
verzaubert zu empfinden –
welch ein Seiltanz,
welch faszinierendes Spiel
um Glück und Schönheit:
ein wahrer Zeitvertreib
mit Aussicht auf Ewigkeit.

Tag am See

Warmer Wind auf der Haut,
Gitarrenmusik in den Ohren,
im Kopf, im ganzen Körper.
Frische Luft zum tiefen Atmen.
Der Seele Urlaub geben,
unschuldig den Augenblick leben –
und spüren, wie das Lächeln
auf den Lippen von innen
wächst mit der Zufriedenheit
über diesen perfekten Tag am See,
den man schon vor dem Abend loben muß.

Begegnung

Dein Kuß war warm
wie ein schöner Sommertag,
und deine Blicke
hatten es in sich.
Ich hätte stundenlang
so sitzen können,
Blick in Blick mit dir –
trotz all dem Neonlicht
und den zahllosen Menschen
um uns herum –

aber wir hatten
nur noch ein paar Minuten,
dann sagtest du
ganz leise »Tschüs«,
schenktest mir diesen Sommerkuß,
standst auf und gingst.

Ich blieb noch glücklich
eine gute Weile sitzen,
um den Nachklang
unserer Begegnung zu genießen.

Eigentlich hätte ich
traurig sein müssen.

Problemzüchter

Manche Leute züchten Probleme
wie andere Brieftauben.
Sie lassen sie in alle
Himmelsrichtungen fliegen,
bestückt mit gewichtigen Botschaften
über den Ernst des Lebens.
Und überall finden sie
ein offenes Fenster,
paaren und vermehren sich
mit ihresgleichen
in rasender Geschwindigkeit.
Bald fliegen sie zusammen
wie Heuschreckenschwärme
über fruchtbares Land,
verdunkeln die Sonne
und hinterlassen
gründliche Verwüstung.

Antworten

In den Augen meiner Mutter
war ich ein Sonnenschein,
für meinen Vater ein
vielversprechendes Tennis-Talent,
meine Mathelehrerin
sah in mir eine Niete,
für meine erste Liebe
war ich ein großer Gewinn.
Fragt sich nur,
wer ich wirklich bin.

Ich habe Antworten
gesammelt wie Briefmarken:
wertvolle und billige,
ganz famose und geschmacklose,
bunte, graue, kleine, große,
schlichte und reich verzierte –
gekaufte, geschenkte,
mir regelrecht aufgedrängte
und allerhand selbstproduzierte.
Sie liegen zu hunderten
in einem Schuhkarton
meiner Erinnerung herum.
Es werden mehr und mehr,
doch sie bedeuten mir immer weniger,
weil alle nur das eine zeigen:
die beste Antwort weiß das Schweigen.

Entlastungsvorschlag

Warum so viel
dem Zufall überlassen?
Der ist ohnehin überlastet
von der Unzahl
unerfüllter Sehnsüchte.

Wenn wir endlich
all das Schöne tun,
wovon wir nur
zu träumen wagen,
wird es traumhaft schön
zwischen uns zugehen.

Inhalt

Hans Kruppa

»Da spricht einer ganz natürlich von einem uns
heute fast abhanden gekommenen Wort: von
Liebe. Er bekennt sich mutig zum Gefühl und zu
den Unwägbarkeiten, es zu leben.«
Hans Jansen, Westdeutsche Allgemeine Zeitung

Eine Auswahl:

Eine gute Zeit
Erzählungen · 216 Seiten · Ln · DM 24,–

Nur wer sich liebt
Gedichte · 96 Seiten · Ln · DM 18,–
Mit sieben Grafiken von Annette Grüschow

Mach Dir den Tag zum Freund
Ein Geschenkkalender mit zwölf Monatsbildern
von Annette Grüschow
104 Seiten · Pb · DM 9,80

Liebesgedichte
96 Seiten · Ln · DM 18,–

Ein Abend mit Dir
Roman · 200 Seiten · Pb · DM 22,–

Preisänderungen vorbehalten

Schneekluth